고삐에 관한 명상

초록숲 시인선 011

고삐에 관한 명상

초판인쇄 2018년 7월 20일
초판발행 2018년 7월 25일

지은이 | 조동화
펴낸이 | 박숙희
펴낸곳 | 도서출판 초록숲
등록번호 | 505-2010-000003
등록일자 | 2010.10.27

주소 | 38176 경북 경주시 형산마을안길 26(도지동)
전화 | (054) 748-2788
팩스 | (054) 748-2788
E-mail | jodonghwa@naver.com

값 10,000원
ISBN 978-89-98932-07-7

*저자와 협의 하에 인지를 생략합니다.
*이 책의 판권은 초록숲에 있습니다.
 양측의 서면 동의 없이 무단 전재 및 복제를 금합니다.
*잘못된 책은 바꾸어 드립니다.

초록숲 시인선 011

고비에 관한 명상

조동화 시집
Poetical Works of Jo Dong-Hwa

도서출판 초록숲

□ 시인의 말

적합하게 한 말은 은 그림들에 있는 금사과들 같으니라.
역사상 가장 지혜로웠던 왕이 쓴 잠언의 일절이다.
서른 무렵 등단하여 일흔을 넘기도록 썼지만
고백건대 나의 시는 아직 한번도
그 곳에 닿은 적이 없다.
다만 가까이 가려고
안간힘을 썼을
뿐이다.

2018년 7월
조동화

┃차례┃

제1부

시론詩論　12
만추晩秋의 노래　13
말 Ⅰ　14
말 Ⅱ　15
호박　16
일흔　17
거울　18
오동꽃　20
가을 어귀에서　21
메꽃　22
유쾌한 에러　24
소매물도 소견　26
주상절리에서　27
득음得音　28

제2부

아침　30
독毒에 관하여　31
묵시默示　32
우주를 읽다　34
역대기歷代記를 읽으며　35
고삐에 관한 명상　36
저울　38
봉인封印　39
영원의 임자　40
불멸不滅을 위하여　41
좁은 문　42
나의 길　43
바울　44
책 한 권　46

제3부

산 48
폭설 49
민들레 50
봄 산 51
얼레지 52
쑥부쟁이 53
풍란 54
현자賢者 55
산 샘물 56
우주 57
마늘 58
가다 힐끔 59
모래시계 60
가는 기러기 61
항해 62

제4부

몸　64
짐승　65
심장에게　66
본가입납本家入納　67
건널목에서　68
보르츠　70
상처의 힘 Ⅰ　72
고질痼疾에 대하여　73
고목古木의 노래　74
알현謁見　75
내가 거기 있었다　76
도라지꽃이 피면　77
상처의 힘 Ⅱ　78
강 Ⅰ　79

제5부

오리발에 관하여　82
마녀사냥　83
도토리의 길　84
가창오리 군무群舞　85
송악산 가는 길　86
오솔길 추억　87
하늘의 말　88
술래　90
강 Ⅱ　91
운명의 날 시계　92
고구마 캐기　93
요양원 편지　94
상수리를 주우며　95
미혹迷惑　96
혹등고래　98

■ 작품해설
유성호┃신성과 자연을 통해 축조해가는
　　　　심미적 정형 미학　99

1부

견고한 네 꽃잎 모서리

시론詩論

흰 하늘 배경으로 선 겨울 대추나무처럼

때로는 시원스레 행간行間을 비워둘 일

낮에는 새 날아와 앉고 밤엔 별도 쉬어가게

만추晩秋의 노래

마지막 가식의 이파리를 지우기까지

진실로 이 한 때를 과목들은 기다렸으리

보아라, 찬 하늘가에 잉걸불로 놓는 열매

이 가을 바라건대는 내 시도 저럴진저

때 묻은 수다들과도 이제는 결별訣別을 고해

고갱이, 아픈 고갱이만 가지 끝에 남을진저

말 I

적적한 산과 들에 불현듯 봄이 와서
물 오른 이 저 나무 돋아나는 새순처럼
많아도 진부하지 않은 눈매 어디 없을까

쉽사리 잠이 안 와 뒤척이는 긴 봄밤
뒷산에서 들려오는 소쩍새 울음처럼
가슴을 사뭇 찌르는 송곳 어디 없을까

마라도 낚시꾼이 밤새 잡은 다금바리
새하얀 접시 위에 가지런히 앉힌 분홍
점점이 쫄깃한 육질의 꽃잎 어디 없을까

말 Ⅱ

1
한 사흘 조선 솥에 밤낮으로 장작 지펴
뼈가 푹 무르도록 우려낸 사골곰국
뚝배기, 썬 파를 곁들인 진하고도 보얀 말

2
암꽃 수꽃 못 만나 씨가 없는 청도반시
가을 햇살 곱게 스민 주황빛 감말랭이
쫀득한 고 단맛처럼 혀에 챙챙 감기는 말

3
멸치젓 찹쌀 풀에 고춧가루 듬뿍 넣고
갓 절인 보랏빛 갓 오지독에 잘 버무려
삼동을 삭혀야 제격인 쌉쌀하고 매콤한 말

호박

불볕에 달아오른 돌담 위를 기어가며

한생 잎도 꽃도 사랑받지 못하고

줄줄이 낳은 자식마저 비명에 보낸 에미

그예 서리가 내려 온몸이 말라가도

늦둥이 두어 놈만은 한사코 젖을 물려

이 세상 가장 큰 열매 하늘가에 얹는다

일흔

단단한 시를 씹기엔 내 이빨 너무 낡았네

한 때는 문어다리, 질기고 질긴 난해들

밤새워 오래오래 씹어 삼킨 적도 많건만

예닐곱 줄 아니면 이젠 엄두 안 나네

그것도 운석처럼 여물어선 못 쓰고

베물면 입안 그득히 향기로운 과육 말곤

거울

너는 피사체의 현재만을 포착한다

숨 가쁘게 변환하는 시간의 틈바구니

그 짧은 간발의 순간을 광속으로 잡아챈다

미래와 과거는 뇌리 속에 은거할 뿐

한 번도 제 실체를 드러낸 적 없기에

넌 항상 현재를 잡기에 골몰하는 것인가

가끔은 네 앞에서 피사체가 되어본다

이윽고 오른손 들어 작별을 고할라치면

한사코 왼손을 흔드는 네 안의 또 다른 나!

오동꽃

나이가
지긋해야
눈에 드는
꽃이 있다

늦사월
지붕 너머
연보라
창을 내고

아득히
하늘 뒤꼍을
열어 뵈는
꽃이 있다

가을 어귀에서

산중턱 너럭바위 잠시 앉아 쉬는 겨를
건들마 등을 타고 가을이 당도했다
상수리 잘 익은 첫물 비탈길에 굴리며

밤소나기 한 줄기에 그예 여름은 갔나
샛노란 물레나물 조명 막 꺼진 길섶
서둘러 까실쑥부쟁이 손전등을 켜든다

모시옷 갈아입고 종일 한가론 구름
잊고 산 고향 길이 손금처럼 떠오거니
오늘 밤 풀벌레소리 섬돌 가득 쌓이겠다

메꽃

소 몰고 쟁기 지고 남정네 들로 가면

더운 밥 머리 이고 아낙네도 지나는 곳

그 어진 마음씨 닮아 두멧길에 살던가

가직이 지켜보면 살풋 어린 연분홍

멀찍이 서서 보면 낮달처럼 뜨는 순백純白

이 세상 어느 자태가 너보다야 맑으리

도시로, 공단으로 사람들 다 떠나고

설령 논과 밭이 황원荒原이 된다 해도

떠날 수 없는 이 강산 너는 내처 피거라

유쾌한 에러

겨울은
쉬 오지 않고
미련처럼 남은 가을
날씨가 한 보름쯤
봄날이듯 포근하자
얼결에
산비탈 진달래
여남은 송이 피다

사람은
제 굳은 틀
깨지 못해 고심인데
누구도 흉내 못 낼
신선한 이 역발상

섣달의 들머리를 밝힌
유쾌한
에러들이여!

소매물도 소견

사철 휴일 같은
한려수도 들머리
작은 섬 하나가 매물로 나와 있다
건너편
등대섬에다
바닷길도 끼워 파는

금이나 은으로는 누구도 못 사는 매물
그 절벽, 그 물소리
가슴 깊이 담는 자에게
철철이
가꾼 풀꽃들
우수리로 얹어준단다

주상절리*에서

신神께서 단애 속에 숨겨둔 꽃봉오리
일찍이 누구도 못 찾아낸 그 비경을
파도가, 희디흰 파도가 마침내 찾아내다

수천 년 굴착 끝에 무너진 돌 더미를
다시 한 천년쯤 지나새나 실어낸 뒤
잎잎이 갈고 닦아서 피워낸 해국 한 송이

꽃이란 꽃이 모두 지기 위해 핀다지만
쉼 없이 다가와서 헤살 놓는 물결도
견고한 네 꽃잎 모서리 건드리지 못한다

* 주상절리(柱狀節理)는 용암이 급격하게 식어서 굳을 때 육각 기둥모양으로 굳어져 생긴 지형이다. 경주시 양남면 읍천리 바닷가에 이 아름다운 지형이 있다.

득음得音

섬 말
부려놓고
쌓았다
허물었다

우는 곳
쐐기도 여럿
괴었다
빼었다가

새벽녘
가까스로 올린
내 마음속
누각 한 채!

제2부

순금의 그 돌을새김

아침

너만큼 빠른 말이 세상에 또 있을까
시간당 1천마일* 이상의 스피드로
지구의 허리둘레를 쉴 새 없이 내닫는 말

태양은 너의 외눈, 먼동은 너의 갈기
어둑한 밤의 등을 줄기차게 추격한다
눈부신 빛의 화살을 날리고 또 날리며

도망가는 쪽이나 추격하는 쪽이나
자전과 공전 이래 멎은 적 없는 질주
오늘도 말발굽소리 귓전 가득 울린다

---

* 지구의 적도 둘레가 40,075km이므로 이를 24시간으로 나누면 약 1,670km인데, 이는 곧 아침이 시간당 이동하는 속도다. 이를 마일로 환산하면 1마일은 약 1.6km이므로 시속 1,670km는 1천 마일이 넘는 속도임을 알 수 있다. 이는 어떤 제트여객기보다도 빠른 속도다.

독毒에 관하여

청산가리 치사량은 불과 0.15 그램
톡 쏘는 탄산음료에 극소량만 섞어도
한 목숨 없애기에는
충분한 양이라 한다

그러나 놀라지 마라, 더욱 놀라운 독은
순은의 말씀에 떨군 몇 방울 첨삭添削이다
거뜬히 수억 명씩을
요절내던 그 맹독猛毒!

묵시默示*

뜨는 해 지는 해가 태초를 전해주고

밤하늘 달과 별도 먼 날을 알려준다

장엄한 우주의 탄생, 그 생생한 판토마임

음성이 아닌 음성 알아듣는 마음의 귀

문자가 아닌 문자 보아내는 마음의 눈

오로지 믿음 하나로 감지하는 비밀인가

아득히 둘린 산들 어제저녁 붉던 노을

어둔 밤 다 지나고 이 아침도 붉은 노을

천지간 장엄한 전언傳言, 가슴 쟁쟁 밟혀온다

* 하늘들이 하나님의 영광을 선포하고 창공이 그의 손으로 하신 일을 나타내는도다. 낮은 낮에게 말하고 밤은 밤에게 지식을 보여 주니 말도 없고 언어도 없으며 그들의 음성도 들리지 않으나 그들의 선율은 온 땅을 질러 뻗어 나가고 그들의 말들은 세상의 끝까지 다다랐으니…(시 19:1-4)

우주를 읽다

시골집 평상에 누워 우주를 펴듭니다
할머니 팔베개로 어린 날 읽었던 책
순금의 그 돋을새김 오늘 다시 읽습니다

활자며 배열이며 구두점에 또 행간…
예나 지금이나 변한 것 하나 없어도
여전히 살아 빛나는 저 신비의 두루마리

시간의 긴 강물 속 무수한 사람들이
저마다 지혜를 다해 읽어내곤 했지만
누구도 그 바른 뜻을 풀어내지 못한 문장

눈으로 바라보나 눈으로 읽을 수 없고
다만 가슴으로 어루만져 깨치는 언어
국자별 한 소절에도 하마 밤이 깊습니다

역대기歷代記*를 읽으며

사람의 이름들로 가득한 책이 있다
영락瓔珞처럼 반짝이는 별들의 이름 아니라
지상의 삶을 살고 간 이름들이 빽빽한 책

대륙과 지역을 달리한 족장들의
무려 수천 년의 그 오랜 릴레이를
참으로 사람의 힘으론 헤아릴 수 없는 일

물들에서 물들을 나눠 창공을 조성하고
허공에 땅을 매달아 사람을 살게 하신
우주의 주인이라야 기록할 수 있는 그 일

하늘땅 해 달 별들의 장엄한 내력보다
당신의 형상을 닮은 사람을 귀히 여겨
더 많이 이름들로 채운 놀라운 책이 있다

---

* 구약성경 39권 중의 하나. 상하 두 권으로 되어 있는데, 상권 1-9장에 걸쳐 최초의 사람 아담부터 이스라엘의 기브온 거민까지(B.C. 4004-1056) 무려 2948년간의 계보가 기록되어 있다.

고삐에 관한 명상

1
모래 구덩이에서 갓 깨난 새끼 거북
한 쪽을 제외하면 다 죽음의 방향인데
용케도 물소리 들리는 바다 쪽을 향해간다

누구의 가르침도 그는 들은 바 없다
다만 날 때부터 지녀온 본능의 고삐
투명한 그 이끌림 따라 생명의 첫 길을 간다

2
사람의 뇌리 속에도 그런 고삐 들어 있나
평생 흑암에 살다 부신 빛* 보는 순간
홀연히 마음눈 열려 좁은 길로 드는 사람

* 흑암에서 행하던 백성이 큰 빛을 보았으며, 죽음의 그
  림자의 땅에 거하는 자들 위에 빛이 비치었도다(사
  9:2).

많이는 왜 저럴까, 의혹의 눈길을 주고
더러는 너무 변했다, 뒤에서 수군대지만
흔연히 모든 걸 두고 진리의 첫 길을 간다

저울

우주의 주인께는 여러 가지 저울이 있다
큰 산 작은 산을 달아 앉히던 저울
물들을 통으로 달아 강과 바다 채우던 저울

바람을 무게 달아 산과 들에 풀어놓고
슬픔과 재앙들의 무게를 달아 보며
악인의 거짓까지도 무게로 달던 저울

그러나 그것들보다 더 놀라운 저울 있다
시대마다 왕을 달아 함량이 부족하면*
나라도 억조창생도 가차 없이 회수하던

*테켈은 왕을 저울에 달았더니 부족함이 나타났다 함이요(단 5:27).

봉인封印*

한겨울 산에 들에 쌓이는 눈송이들
그 중에 단 한 쌍도 같은 것이 없다면
낱낱이 수제품手製品으로
빚는 분이 있다는 것

70억 사람들이 너나없이 가진 손가락
새겨진 지문 역시 같은 것이 영 없다면
저마다 다른 낙관으로
찍는 분이 있다는 것

일찍이 모태에서 한 점으로 태동할 때
너는 내 작품이라며 열 번이나 봉인한 후
아득히 세상에 심으신
크신 분을 깨닫다

* 그분이 각 사람의 손을 봉인하시나니 (욥기 37:7).

영원의 임자

악투루스 성단* 너머 먼 우주 가로질러
몸으로 뭇 사람들 길이 된 이가 있다
땅에서 하늘 꼭지까지
걸쳐놓은 사닥다리

손으로 바투 잡고 한 발 두 발 올라가면
뉘에게나 손이 닿는 시렁 위에 얹힌 영원永遠
왜 모두 보지 못하고 흑암 속을 가고마나

좋은 것을 숨겨둠이 전능자의 법일진대
가는 길 전후좌우 샅샅이 훑고 살펴
누구든 찾아내는 이
그 보물의 임자거늘!

* 북두칠성이 포함된 큰곰자리 근처의 별무리.

불멸不滅을 위하여

삶이란 애초부터 답이 없다 단정하고
덧없이 그냥 그렇게 살다 가는 것이라며
썩어질 세상일에만 골몰하는 사람아

삼엄한 가시를 헤쳐 밤톨들을 모으고
겹겹 비단을 벗겨 옥수수는 거두면서
그대 왜 숨은 진리는 찾아보려 하지 않나

유한한 존재로서 시급히 서둘 일은
금보다 귀한 목숨 그대 안에 있는 지금
영원에 홀로 거하시는 왕을 찾는 일이다

그리하여 운 좋게도 그분을 알현謁見한다면
모든 걸 버려두고 죽기 살기 좇아가라
놀랍고 눈부신 불멸 그대 것이 될 때까지

좁은 문

큰길가 새끼손처럼 갈라진 오솔길로
하루해 걸어가면 다다르는 천길 벼랑
뒤얽힌 가시넝쿨 속에 좁은 문이 숨어 있다

쉼 없이 오고가는 무수한 사람들 중
이따금 서너너덧 벼랑까지 이르러도
대개는 길이 없다며 발걸음을 돌리는데…

그중에도 천에 하나, 드물게는 만에 하나
말씀의 자일에다 마음눈도 갖춘 사람
흔연히 좁은 문 보고 먼 순례에 오른다

나의 길

나의 방은 말씀으로 벽을 둘렀습니다
어디를 바라봐도 삼엄한 왕의 말씀
빛나는 창검이 되어 나를 에워쌌습니다

발밑은 처음부터 내가 갈 길 아니고
땅위의 많은 길도 나의 길은 아닙니다
오로지 진북眞北*으로만 열려 있는 나의 길

많이는 무슨 재미로 세상을 사느냐 하고
더러는 갈데없는 영어囹圄라고 숙덕거려도
저 위에 모든 걸 두고 아니 갈 수 없습니다

---

* 진북(眞北, true north)은 언제나 변하지 않는 북쪽으로 북극성의 방향이다. 북극성 뒤쪽 그 아득한 우주 너머에 성도들이 가야 할 본향이 있다.

바울

이단의 무리 쫓아 다마스커스 가는 길에
홀연 만왕의 왕을 빛 속에서 알현*하고
그 이단 괴수가 되기를 주저하지 않았네

동족의 돌에 맞아 들판에 버려진 날**
몸을 벗어난 혼이 낙원으로 옮겨져
그리던 셋째하늘을 답사했던 그 사람

아직 갈릴레이가 오기 전 아득한 옛날
태양계, 은하계란 말도 없던 그 시절에
우주 속 자신의 위치를 훤히 꿰고 산 사람

홀로 먼 이방의 양떼들을 도맡아
영원히 저 하늘에 세워진 말씀 중에
그 무려 열네 권이나 받아 내린 한 사람

아내를 얻지 않고 평생 동정을 지켜
살거나 죽거나 오로지 왕을 위해
목 베임 형극荊棘의 길을 뚜벅뚜벅 걸어갔네

* 유대교 광신도였던 청년 사울이 대제사장의 허락 하에 성도들을 잡으러 다마스커스로 가다가 홀연 만왕의 왕을 만난 사건(행 9:3-6). 그는 나중에 바울이라고 불리며(행 13:9) 14권의 신약성경을 기록한다.
** 고린도후서 12장 1-4절에서 바울은 자신이 우주 너머 셋째하늘에 다녀온 사실을 고백하고 있는데, 대체적으로 성경학자들은 이 시기를 바울이 루스트라에서 돌에 맞아 들판에 버려졌던 때(행14:19)로 잡는다.

책 한 권

가슴에 불을 지피는 책 한 권을 아십니까
순수의 마른 섶을 간직한 가슴들이
펴들면 이내 옮겨 붙는 예순 여섯 잉걸불

서너 해 속불이면 온몸 불덩이 되어
아프리카 먼 오지며 남태평양 외딴 섬까지
기꺼이 생애를 던져 자서전을 쓰게 하던

일곱 번 흙 도가니에 단련된 은銀의 말씀*
오로지 썩지 않음을 갈망하는 가슴마다
뜨겁게 모닥불을 놓는 책 한 권을 아십니까

---

* 주의 말씀들은 순수한 말씀들이라. 흙 도가니에서 단련되어 일곱 번 정화된 은 같도다(시 12:6).

제3부

물소리 환히 껴듣고

산

찾아가면
사라지고
돌아오면
거기 있어

그냥
아득히 두고
눈길이나
던지건만

낭랑한
물소리를 보내
그는 늘
안부를 묻네

폭설

천상의
칼 한 자루
밤새
눈발로 옮겨

푸른 솔
어깻죽지를
벼락같이
내리찍다

장검長劍도
휘두른 자도
자취 없는
저 쾌검快劍!

민들레

빛바랜
홑옷 한 벌로
긴 겨울
보낸 강둑

홀연히
갈아입은
마고자
그 앞섶에

이 아침
작은 손들이
금단추를
달고 있다

봄 산

햇살이
막힌 경혈經穴
삼동 내
뜸을 놓고

꽃샘이
굳은 사지
달포 좋이
두드려서야

두 볼에
화색和色이 도네
막힌 숨이
터지네

얼레지*

여섯 갈래
자주 고깔
멋스럽게
뒤로 넘겨

한껏
고고한 멋
부릴 대로
부린 새댁

다소곳
고개 숙인 채
이 봄 어딜
가시나

* 외떡잎식물 백합목 백합과의 여러해살이풀. 가제무릇이 라고도 하며, 4-5월에 붉은 자주색의 꽃이 핀다.

쑥부쟁이

펼칠 때가
있으면
접을 때가
또 있어

다들
전을 거두고
부산히
돌아선 들길

눈 시린
우주 하나를
바야흐로
켜들다

풍란

목젖 다
드러내어
까르르
웃는 아기

진초록
배냇저고리
고물대는
흰 발가락

엄마 젖
달콤한 향이
방안 가득
일렁인다

현자賢者

밤마다
뜨는 성좌
읽는 이
별로 없고

우주 끝
큰 바다를
아는 이
더욱 드문데

그 바깥
세 번째 하늘
눈 감고도
보는 이

산 샘물

마시든
지고가든
공으로
죄다 주고

깊은 밤
더 많은 생명
기다리는
산 아래로

물소리
환히 켜들고
어둔 골짝
내려간다

우주

너무 커
눈으로는
볼 수 없는
항아리

영겁의
불꽃놀이
별 떨기들
한껏 펼쳐

그 하나
구기지 않고
고스란히
담았다

마늘

하나가
여섯으로
돌아오는
단 한 길은

삼동 내
언 독방에서
뜨겁게
제 몸 벼려

숨겼던
초록 보검寶劍을
뽑아드는
일이다

가다 힐끔

꽃 속엔
향기 감긴
실꾸리
들었는가

바람에
솔솔 풀려
담 너머로
날리는가

콧속이
간지러운 이들
가다 힐끔
돌아본다

모래시계

저보다
더 빠른 이
세상에
없으므로

결코
서둘지 않는
시간의
모래알들

수북이
쌓였던 시간
아! 벌써
움푹하다

가는 기러기

저무는 서녘 하늘 기러기 떼 가고 있다

삶이란 짐 지는 일, 소풍이 아니라고

커다란 멍에 하나를 그려 뵈며 가고 있다

항해

한사코 제가 저를 사다리로 내어밀며

담쟁이 어린 순이 바다를 건너간다

다섯 뼘 방충망 하나, 꼬박 보름 길이다

제4부

땀에 젖은 무명저고리

몸

일흔 언저리인데 관절들이 삐거덕거린다
위쪽을 바로잡으면 아래쪽이 틀어지고
오른쪽 받쳐주는 순간 왼쪽이 또 기운다

기계라면 벌써 몇 번 새것으로 바꿨으련만
혼을 담는 이 그릇 부품마저 아예 없다
기워도 이내 미어지고 때워 봐야 금이 가는

아무나 넘볼 수 있는 봉우리가 아니거니
함부로 백세시대라 들먹이지 말 일이다
내려와, 준엄한 한 마디에 벗고 떠날 이 단벌!

짐승

저마다 짐승 한 마리 숨긴 채 살고 있다
별일이 없을 때는 기척 없이 있다가도
때때로 먹구름 끼면 흰 이빨 으르렁대는

너는 하시何時라도 사자가 될 수 있다
너는 맘만 먹으면 코뿔소도 될 수 있다
그러나 쓰다듬어 주면 강아지일 뿐인 너

사람의 한평생은 너와의 싸움이다
시시로 어루만져 길들이는 꼭 그만큼
드물게 성자가 되고 많이는 악한도 된다

심장에게

나는 너를 한 번도 대면한 적이 없다
너는 가장 깊은 골방에 살고 있고
나는 늘 세상의 일에 분망했기 때문이다

때때로 네가 문득 고맙고 안쓰러워
손 흔들며 묵례라도 보내고 싶었지만
쉬울 것 같은 그 일이 내겐 늘 막막했다

다만 내가 달릴 때면 넌 쿵쿵 벽을 치고
난 가끔 오른손으로 네 소식을 듣곤 했다
벽 하나 사이에 둔 채 주고받는 먼 안부

나는 나의 갈 길이 얼마인지 모른다
그러나 그날까지 네 일을 계속해 다오
마지막 한 걸음까지 나도 널 안고 가마

본가입납 本家入納

일곱 번째 시집을 스승님께 부쳤더니
봉투가 온통 때 묻고 찢기어 돌아왔다
반송인 붉은 도장 하나 한복판에 찍힌 채

이사를 가셨다면 새 주소를 알아내서
일간 또 부쳐야겠다 마음먹고 있을 즈음
아뿔싸, 허를 찌르며 핸드폰에 날아든 부음訃音

아마도 병원에서 가쁜 숨을 쉬시던 며칠
아파트 편지함에 하릴없이 모로 누웠다
끝내는 갔던 길 되짚어 돌아오고 말았던 게지

먼 길 떠나시면서 미진한 제자를 두고
자신부터 돌아보라 일러주고 싶으셨나
정중히 옷깃 여미고 받아드는 본가입납!

건널목에서

종이 울린다
빨간 불이 깜박인다
뒷짐 졌던 바지랑대 급히 허릴 굽힌다
말을 탄 한 떼의 군마 쏜살같이 질주한다

가로로 흘러가던 강물들 다 막히고
세로로 흘러가는 강물 하나 법이다
누구도 거스를 수 없는
이 한 때의 대세大勢여

지게차건 앰뷸런스건 술 취한 주정뱅이건
일단 여기선 멈춰 순한 양들이 된다
두 쪽이 났던 세상이
천연스레 붙을 때까지

종이 그친다
빨간 불이 꺼진다
바지랑대 허리 펴고 급히 뒷짐을 진다
막혔던 이 저 강물이 서로 섞여 하나가 된다

보르츠*

그 옛날 칭기즈칸 군대의 강한 힘은
병사들 몸에 지닌 무기에 있지 않았다
오히려 말안장에 걸린 보르츠에 있었다

대지가 햇볕으로 무성한 풀을 키울 때
사람은 그 자리에 소떼를 방목하여
결국은 태양의 힘을 고기로 바꾸었다

겨울에 소를 잡아 생으로 말린 다음
육포를 곱게 빻아 가루로 만든 건량乾糧
우람한 소 한 마리가 방광 둘에 다 담겼다

언제 어디서든 물만 끓여 타 먹으면
맛좋고 배도 부른 최상의 식사였다
더구나 열량이 높아 힘이 펄펄 솟구치는

광막한 유라시아를 휘달린 위용 뒤엔
초원을 가득 메워 일렁이던 풀의 함성
그 불길 켜켜이 잠재운 소의 몸이 있었다

* 보르츠(borcha) : 옛날 몽골군이 유라시아 대륙을 정벌할 때 휴대했던 전투 식량. 가을에 소를 잡아 육포로 말려 곱게 빻은 쇠고기 가루로 소 한 마리가 4킬로그램 정도로 줄어드는데, 이것을 뜨거운 물에 조금씩 타 먹으면 그대로 훌륭한 식사가 되었다 한다.

상처의 힘 Ⅰ

더 높이 더 멀리 골프공이 날아가는 건
제 몸 가득히 패인 딤플*들 때문이다
빽빽이 뒤덮인 상처가 바로 그의 힘이다

일견 매끈한 공이 멀리 갈 듯하지만
마찰과 부력이 그에게선 일지 않는다
온 힘을 다해 때린대도 겨우 몇 십 미터일 뿐…

먼 길을 가는 자에겐 모두 딤플이 있다
고통의 고비마다 아로새긴 흔적들
필살의 타격에 업혀 홀인원도 이루느니

* 딤플(dimple) : 골프공의 표면에 있는 분화구 형태의
  홈. 우묵하게 들어간 딤플의 원리로 인해 표면이 매끈
  매끈한 공보다 잘 뜨고 더 멀리 날아갈 수 있다.

고질痼疾에 대하여

십여 년 전 느닷없이 낯선 놈이 접근했다
한껏 별미를 먹고 포만감에 젖을 즈음
슬며시 다가와서는 내 어깨를 툭 쳤다

끈질긴 파상공세와 난전에 익숙한 놈,
두 눈 부릅뜨면 자취조차 없다가도
긴장을 늦출라치면 되돌아와 치고 빠지는…

비록 일격필살의 펀치는 아니어도
경쾌한 스텝으로 시시로 날리는 잽에
마른 옷 는개에 젖듯 쌓이고 만 데미지

연이은 후퇴 끝에 교두보를 내어주자
이미 전후방이 따로 없는 나의 몸
모든 걸 다 건 일전一戰을 치를 날도 멀지 않았다

고목古木의 노래

툭 하고 떨어져 구르다 멈춰선 곳
그 자리 그 운명에 한생을 맡기었네
나이테 어둠이 되는
까마득한 천년을

박토에 응달에다 돌도 많은 너덜겅
곤한 삶 팽개친들 뉘 감히 탓할까만
비탈에 기운 몸 가눠
오늘토록 왔거니

이제 어느 때나 돌아가도 좋으리라
피골만 남은 노구老軀 야윈 손가락 두셋
말수를 줄이고 줄인
노래 한 절 읊조리며

알현 謁見

썩은 생선 토막에 머리 박고 취한 나를
먼 하늘 저편에서 때맞춰 보시고는
더 이상 방치할 수 없다
날리신 화살* 한 대

그것은 순식간에 우주를 날아 건너
한 치 어김없이 나를 명중시키고는
네 날이 멀지 않았다
문득 깨우치시나니

이 화살 아니더면 내 어찌 그분을 알리
부질없는 세상 것들 등 뒤로 내려놓고
눈물로 꿇어 엎드려
지엄하신 왕을 뵙다

* 쉰아홉에 돌연 혈당이 350이 넘는 중증 당뇨 증세가 왔다. 죽음이 지척까지 이르렀음을 직감한 그날 밤, 비로소 우주의 주인이신 왕을 뵙고 이듬해 봄 신학교에 입학했다.

내가 거기 있었다

상수리 묵을 쑤러 껍질을 벗기다가
먼저 와 살고 있던 벌레와 마주치곤
불현듯 미물의 안식安息을 깨뜨린 걸 알았다

평생 먹을 식량인 한 알의 상수리와
먹고 자면 그만인 한 톨 작은 어둠과
천만번 비탈을 굴러도 안전한 꿈의 캡슐…

그는 나로 하여 이 모든 걸 잃어버렸다
어느 날 죽음 앞에 온갖 것 다 내어주고
몸마저 비우고 떠날 내가 거기 있었다

도라지꽃이 피면

도라지꽃이 피면 나는 고향에 간다
보랏빛 꽃 속으로 열리는 은밀한 길
수크령 덮인 비탈길 타박타박 올라간다

밭머리 그늘이 좋은 아카시아 한 그루
삼십 년 먼 세월을 붙박이로 우는 방울새
영롱한 메조소프라노 그 구슬 주우러 간다

참깨며 팥이며 동부 산밭에 심어두고
긴 긴 여름 한 철 내처 거기 엎드리신
땀에 전 무명저고리 할머니 뵈러 간다

상처의 힘 Ⅱ
-야구공

하얀 가죽 입성, 체중 고작 150그램
그에겐 날 때부터 108개 흉터가 있다
그 흡사 붉은 지네처럼 몸뚱어릴 휘감은

언뜻 보아서는 의지라곤 없을 듯해도
방망이에 맞는 순간 울컥하는 매운 성깔
이따금 광장 너머로 스스로를 패대기친다

가공할 그 힘의 원천 그대 혹시 아시는가
7할을 가해자의 뚝심으로 친다 해도
3할은 피 묻은 실밥 상처들의 울력임을!

강 I

바다가 구름을 피워 바람에 실어 보내고
구름은 비와 눈으로 철따라 땅을 적실 때
물들은 낮은 곳으로 먼 순례를 시작한다

목마른 자에게는 한 잔의 생명으로
뿌리는 자에게는 소담스런 열매들로
베풀고 안겨주면서 먼 길을 더듬어간다

식물의 물관을 흘러 얼마는 날개를 얻고
햇볕에 닳고 닳아 얼마는 구름이 돼도
끝내는 땅으로 내려 느릿느릿 기어서간다

투명한 한 벌 옷이 남루가 될 때까지
독毒으로 전신이 검은 멍이 들 때까지
첩첩한 산굽이 돌아 제 아픈 등 밀고 간다

제5부

별들이 돋는 곳까지

오리발에 관하여

물갈퀴 붉은 발은 오리들 전용이었다
그것을 언제부턴가 사람들이 떼어가서
남의 집 닭 잡아먹고 엉겁결에 내밀던 것

주인인 오리들에겐 옛 용도 그대로지만
사람들 가져간 것은 쓰임새가 다양해져
궁지에 몰릴 적이면 다문다문 쓰이곤 했지

그것이 요즘와선 수요가 대폭발하여
마음의 허리춤에다 서너 개씩 꿰차고서
그 흡사 여의봉처럼 너나없이 휘두른다

불법도 한참 불법인 이 오랜 무단점유
기왕이면 그동안의 사용료도 듬뿍 얹어
원래의 임자들에게 돌려줄 날 있을까

마녀사냥

마녀가 처음부터 있는 것은 아니다
다수의 비난이 한 초점에 모이는 순간
비로소 못된 마녀는 홀연히 탄생한다

마녀의 등장과 함께 사냥은 시작된다
네 죄를 네가 알렷다! 사냥꾼의 불호령에
한 사람 만인지상도 속절없이 마녀가 된다

순순히 자백하면 악한 마녀가 되고
끝내 자백 없으면 더 악한 마녀가 될 뿐
목숨이 끊어질 때까지 간단없는 양날의 칼!

도토리의 길

어미는 안간힘으로 새끼들을 붙잡고
새끼들은 또 한사코 탯줄에 매달리지만
때 되어 나뉘는 운명 무슨 수로 막으리

툭 하고 이마받이로 비탈을 구르다가
백에 아흔아홉이 포로로 잡혀가고
가랑잎 휘감고 숨어 천운으로 남은 목숨

때늦은 가을비가 추적이고 지나간 뒤
간신히 뿌리 내려 어린 떡잎 눈을 뜨지만
대낮도 침침한 그늘 헤쳐 갈 길 아직 멀다

가창오리 군무群舞*

먼 저쪽 구름 뒤에 누가 숨어 지휘를 하나
어느 순간 물을 차며 잇따라 솟구치더니
유유히 하늘을 나는 혹등고래 한 마리

눈부신 노을 속을 몇 바퀴나 돌고 돌아
마주 오는 암코래와 나란히 방향을 튼다
별들이 돋는 곳까지 어깨 겯고 가자는 듯

흡사 한 몸 같은 수십만의 점, 점들
펼쳤다 감아쥐었다 다시 힘껏 흩뿌려도
끝끝내 헝클리지 않고 아득히 멀어져간다

* 금강 하구에는 겨울이면 아침저녁으로 30만 마리 가창
오리들의 대군무가 펼쳐진다.

송악산 가는 길

삼방산 등에 지고 송악산 가는 길은
섣달 엄동에도 꽃 잔치 한창이다
수선화, 버드쟁이나물, 패랭이꽃, 으아리…

가는 길 팍팍하여 두 다리 묵직해지면
어깨 위 한가롭게 형제섬 실어놓아
아내랑 오누이처럼 추억 몇 장 쟁여 넣고…

송악산 지척에 두고 문득 뒤를 돌아본다
한사코 놓아주지 않던 용머리께 삼방산
저 멀리 뒷짐을 진 채 우두커니 서 있다

오솔길 추억

산으로 곧장 이어진 뒤꼍의 그 작은 길
사흘에 한두 번쯤 주인이 드나들고
예사로 산짐승들이 까만 똥을 흘고 갔지

갖가지 얼레빗 가진 아름드리 조선소나무
머리 헝클어진 바람들 시시로 들러
먼 바다 물결소리같이 매무새를 가다듬고…

가을엔 어김없이 다홍으로 물드는 화살*
그 곁에 키 훤칠한 상수리도 몇 둘러서
잘 익힌 제 열매들을 후둑후둑 던지곤 했지

* 화살나무(Winged spindle)는 쌍떡잎식물로 노박덩굴목 노박덩굴과의 낙엽관목. 생약명으로는 귀전우(鬼箭羽)라고도 불린다.

하늘의 말

나 아직 모국어를 익히기 전 그 옛날

뜻 모를 옹알이도 채 뱉지 못하던 때

마음의 손에 들려진 여의봉이 있었네

두 발만 바동대는 발가숭이 왕자여도

낮이든 한밤이든 식구들이 대령하던

신께서 나에게 맡긴 그 무형의 리모컨

자음과 모음 아닌 그냥 그 울음이며

엄마의 젖꼭지를 입술로만 알던 촉각…

까마득 거기 두고 온 하늘의 말 있었네

술래

산 자들 가운데서 죽은 자를 찾고 있다
몸 훌훌 벗어두고 오래 전 떠난 그를
한사코 이쪽 어디에 은신하고 있다며

백골이 되어가는 몸을 숫제 내맡기고
보조 증거물인 유류품도 없어 주며
나야 나, 소리쳐 봐도 끝내 고갤 젓더니

엉덩이뼈 잘라내어 DNA를 보여주고
마지막 남아 있는 지문까지 들이대서야
멋쩍게 머리 긁적이며 히죽 웃는 술래여

강 Ⅱ

마을 앞 흘러가는 강을 보며 자란 이
그라 하여 강을 죄다 안다고 할 순 없네
기실은 그 허리께를 헤적였을 뿐인 것

풀어헤친 머리카락 첩첩 산에 숨겨두고
아득히 뻗은 발도 먼 바다에 묻었거니
그 뉘라 부분을 보고 강을 안다 할 것인가

멀고 먼 산골짜기 부화된 저 치어稚魚들
모천母川의 끈을 물고 먼 바다 순례한 후
돌아온 연어쯤은 돼야 온몸으로 아는 강!

운명의 날 시계*

같은 선로 외줄기길 이쪽과 저쪽에서
이십 년 마주보고 달려온 두 기관차
충돌의 자정까지는 단 2분이 남았다

시계는 바야흐로 열한 시 오십팔 분
저만치 바라 뵈는 산굽이만 돌아가면
이제 곧 동반파멸이 예정되어 있건만…

외나무다리에서 마주친 두 숫염소
끝내는 서로 받아 죽음 쪽을 택하듯
피아간彼我間 가속페달 위 오른발을 얹는다

---

* 종말의 시계로도 불리는 운명의 날 시계(Doomsday Clock)는 미국의 원폭계획 추진 핵 과학자그룹을 중심으로 한 과학자들이 인류에게 핵위협을 경고하기 위해 미국 시카고 대학에서 처음으로 고안한 시계이다. 1947년 자정 7분 전인 11시 53분으로 첫 설정됐고, 1953년 미국과 소련의 수소폭탄 실험으로 최악의 위기로 치닫는 상황에서 자정 2분 전까지 가까워졌다. 미·소 냉전이 종식되면서 1991년에는 자정 17분 전인 11시 43분으로 늦춰진 바 있다. 그런데 이번에 다시 북한의 핵·미사일 도발로 말미암아 미국의 핵과학자회는 2018년 1월 25일(현지시간) 워싱턴D.C.에서 기자회견을 하고 "운명의 날 시계의 분침이 밤 11시 58분으로, 자정 2분 전을 가리키고 있다"고 발표했다.

고구마 캐기

한로 무렵 얽히고설킨 덩굴을 걷어내고
금이 간 황토 이랑 조심스레 파헤치면
진홍빛 보자기에 싸여 드러나는 보물들

이따금 급한 마음에 섣불리 캐러들면
단서가 뚝 끊겨 행방을 놓칠 때 있다
쉽사리 예측할 수 없는 엉뚱한 그 은신처

그러나 그것까지는 굳이 추적 말 일이다
이내 겨울이 와 끼니가 궁해지면
멧돝들 떼로 몰려와 그 미궁迷宮 다 밝히리니

요양원 편지

오래 살다보니 이런 일도 다 있구나
그래, 나 없으니 모두들 살 만하냐
하루해 형벌 같다만 내 몫이라 여긴다

여기 와 걸핏하면 눈물이 잦다마는
나 하나 징역 살아 너희들 편하면 됐다
자는 듯 가는 일밖에 무얼 더 바라겠느냐

내 손으로 눈 감긴 사람이야 복도 많지
어느 날 느닷없이 나 떠났다 기별가거든
화장한 뼈나 추려서 영감 곁에 묻어다오

상수리를 주우며

집 뒤껻 저만치에 오솔길이 나 있고
길섶에 상수리나무 네 그루가 서 있다
해마다 구월이 오면 제 열매를 내려놓는

잘 익은 상수리 한 줌 주운 다음날부터
눈 뜨면 한 바퀴 휭 도는 버릇 생겼다
알알이 줍는 재미가 보석 줍기 못지않아

자그만 이 기쁨도 오래지는 않으리라
그예 시월이 오고 열매 다 바닥나면
오는 해 이맘때라야 다시 누릴 이 호사豪奢!

미혹迷惑

1

무사개미*는 곰개미를 노예로 삼는다
곰개미 집을 습격, 알들을 빼앗아 와
깨나면 그날로 영영 종을 삼는 것이다

한 번도 제 어미를 본 적 없는 곰개미
처음 본 살인자요 유괴범인 원수들을
한평생 제 부모로 알고 섬겨 마지않는다

나는 누구이며 대체 어디서 왔나
그런 의문 한 번 가져보지 못한 채
끝끝내 미혹에 갇혀 생을 접는 것이다

2

미혹을 미물들의 전유물로 알지 말라
태어난 그날부터 코뚜레 몰래 꿰어
한평생 고삐를 잡고 끌어가는 자 있다

* 사무라이개미라고도 한다. 7~8월경 무더운 날 오후에 곰개미 집을 습격하여 고치들을 빼앗아와 곰개미들이 부화하면 노예로 삼아 평생 부려먹는다.

문제는 너나없이 노예가 되고서도
대개는 낌새조차 못 챈다는 사실이다
그 고삐 임자가 누군지, 결과는 또 무언지…

그러므로 그대 이제 분별의 눈을 뜨라
고삐의 끝 간 데를 찬찬히 훑노라면
마침내 보게 되리라, 그 음험한 검은 손!

3
진상을 알았다면 미적대선 안 된다
눈꺼풀 들지 못할 그날이 오기 전에
코뚜레 빼어 던지고 고삐도 끊어야 한다

처절한 몸부림 끝에 손발이 잘린대도
최악의 경우에는 한 목숨 잃는다 해도
그대 혼 저 영원 속에 불멸로 서기 위해

혹등고래

하와이 근해에서 새끼 낳은 혹등고래
알래스카 찬 바다까지 5천키로 먼 길을 간다
철부지 새끼 한 마리 젖 먹이며, 밀고 끌며…

어미를 쏙 빼닮은 5미터 키의 젖먹이
녀석의 하루치 젖이 400리터 안팎이라니
반 리터 팩에 담으면 그 무려 800개다

어미 신장 16미터, 몸무게는 약 40톤
날마다 1톤 정도씩 청어를 먹는다는데
저절로 이 큰 식단이 마련될 순 없는 일

식물성 플랑크톤에 동물성 플랑크톤
작은 고기 큰 고기에 거대한 괴물까지
누굴까, 이 큰 먹이사슬 관장管掌하는 그분은

■ 작품해설

유성호 | 신성과 자연을 통해 축조해가는 심미적 정형 미학

|해설|

신성과 자연을 통해 축조해가는 심미적 정형 미학

유성호(문학평론가, 한양대학교 국문과 교수)

1

 근본적으로 '시조(時調)'는 파격과 극단의 언어보다는 질서와 중용의 언어를 지향한다. 정형 양식으로서 시조가 가지는 필연적 속성이 상대적으로 이러한 언어를 요청하는 것일 터이다. 문학에서 형식이 내용을 규정하고 내용이 형식의 일부분으로 전화(轉化)하는 것이 사실이라면, 정형 양식으로서 시조의 고유 속성은 해체나 아이러니의 미학보다는 질서와 중용의 미학을 추구하게끔 규율해온 가장 직접적인 힘이었을 것이다. 또한 우리는 이러한 형식적 특성 위에, 우리 시대의 시조 미학이 그 사유와 형상에서 구체성을 점증시켜가고 있다는 점을 부가할 수 있을 것 같다. 그만큼 우리 시대의 시조는 사물의 있는 그대로의 실물감을 생생하게 나타낼 수 있게끔 구체적이고, 그것이 지닌 연관들을 풍부하게 나타낼 수 있을 만큼 포괄적인 차원을 확연하게 구현해가고 있다.

 조동화 시인의 새 시집 『고삐에 관한 명상』은, 이러한 시조의 속성을 최대치의 미학적 차원에서 구현하되 우리의 경험과 감각이 가장 멀리 에둘러가서 닿을 수 있는 '근원'의 지경(地境)을 상상하는 언어의 직조술(織造術)에 의해 완성되고 있다. 그의 시조는 구체성과 포괄성을 동시에 결속하면서, 그 안에 우리가 망각하고 있는 것들에 대한 복원의 꿈을 담고 있고, 세상의 속도와 새것을 향한 억압에 의해 망각하고 있던 삶의 본질적 가치에 대한 깊은 옹호를 함유하고 있다. 나아가 그는 서정의 본래적 존재 근거라 할 수 있는 인간의 실존적 표정을 낱낱이 형상화함으로써 존재론적 근원에 대한 관심을 깊이 형상화한다. 조동화 시인의 이러한 시선은 우리 시조시단에서는 퍽 드문 형이상학적 지향을 취택함으로써, 신성과 자연을 통해 축조해가는 심미적 정형 미학을 차근차근 완성해가게끔 해주고 있다. 이제 그 세계의 세목을 천천히 읽어보도록 하자.

2

현대시조는 시조 고유의 양식적 속성을 지켜가면서 다양한 내용과 방법을 확충해가고 있다. 물론 정형 양식의 울타리를 벗어나 형식 확장을 의도하는 작품들도 꽤 나타나고는 있지만, 여전히 현대시조는 정형 양식으로서의 정체성을 확연하게 지켜가고 있다. 말할 것도 없이, 이는 정형 양식 고유의 내용적, 형식적 특성에 대한 인준에서 발원하는 것이고, 현대시조의 미학이 비교적 안정되고 완결된 시상을 위주로 짜여져야 함을 다시 한 번 천명하는 사례일 것이다. 재차 강조하지만, 조동화 시인은 이러한 정형 양식 특유의 속성을 줄곧 견지하면서, 자신의 삶을 깊이 성찰하는 한편 삶의 곳곳에서 깨달은 근원적 이법(理法)에 대한 노래를 멈추지 않는다. 그럼으로써 원초적인 정신적 가치를 노래하는 양식으로서의 '시조'를 고전적 영역으로까지 끌어올리고 있는 것이다. 그러한 사유와 경험을 담은 다음 시편을 먼저 읽어보자.

흰 하늘 배경으로 선 겨울 대추나무처럼

때로는 시원스레 행간(行間)을 비워둘 일

낮에는 새 날아와 앉고 밤엔 별도 쉬어가게
  ─「시론(詩論)」 전문

자신이 써가는 시조에 대한 의미론적 고백이자 시쓰기의 원천이 어디에 있는지를 알려주는 일종의 메타시편이다. 시인은 빼어난 단수를 통해 자신의 시조를 "흰 하늘 배경으로 선 겨울 대추나무"에 비유한다. 그것은 자연스럽게 "때로는 시원스레 행간(行間)을 비워"두는 초상으로 현현해간다. 이때 '흰 하늘'은 순연한 백지를 연상케 하고, '겨울 대추나무'는 그 위에 씌어지는 강하고 힘찬 획을 환기한다. 그렇게 행간을 비우면서 완성되는 '시조'는 "낮에는 새 날아와 앉고 밤엔 별도 쉬어가게" 해준다. 결국 그에게 '시조'란 비움과 채움, 순간과 영원, 정착과 유동의 속성을 모두 포괄하는 삶의 형식인 셈이다. 따라서 그것은 "찾아가면/사라지고/돌아오면/거기"(「산」) 있는 편재적(遍在的) 존재이기도 할 것이다. 이처럼 시인에게 출발 지점과 회귀 지점이라는 양면적 속성을 아우르고 있는 '시쓰기'라는 근원은, 현실에서는 경험 불가능한 유토피아를 상상하게끔 해주고 불모의 시대를 견디게끔 해주는 에너지의 원천으로 다가온다. 이러한 생각과 경험은 시인으로 하여금 "때 묻은 수다들과도 이제는 결별訣別을 고해// 고갱이, 아픈 고갱이만 가지 끝에 남을"(「만추晚秋의 노래」) 형상을 희원하게끔 하고, "몸마저 비우고 떠날"(「내가 거기 있었다」) 순간까지 "말수를 줄이고 줄인/노래"(「고목古木의 노래」)를 부르면서 살아가게끔 해줄 것이다. 모두 '시조'의 언어 미학에 대한 깊은 사유의 결실이 아닐 수 없다. 다음은 어떠한가.

적적한 산과 들에 불현듯 봄이 와서
물 오른 이 저 나무 돋아나는 새순처럼
많아도 진부하지 않은 눈매 어디 없을까

쉽사리 잠이 안 와 뒤척이는 긴 봄밤
뒷산에서 들려오는 소쩍새 울음처럼
가슴을 사뭇 찌르는 송곳 어디 없을까

마라도 낚시꾼이 밤새 잡은 다금바리
새하얀 접시 위에 가지런히 앉힌 분홍
점점이 쫄깃한 육질의 꽃잎 어디 없을까
—「말 Ⅰ」 전문

이번에는 '말(언어)'에 대한 치열한 자의식을 드러내는 시편이다. 조동화 시인은 일찍이 「묵시黙示」라는 작품에서 "음성이 아닌 음성 알아듣는 마음의 귀"와 "문자가 아닌 문자 보아내는 마음의 눈"을 통해 가 닿는 비밀을 중시하고, 나아가 "천지간 장엄한 전언(傳言)"을 온 마음으로 듣는 품에 대한 열망을 보여준 바 있다. 여기서도 시인은 "어디 없을까" 하는 질문의 반복을 통해 진정한 '말'을 탐색하고 소망해간다. 그가 추구하는 '말'은 '눈매/송곳/꽃잎'의 속성을 닮았는데, 가령 '눈매'는 봄을 맞은 산과 들의 나무에 돋아나는 '새순'처럼 많아도 진부하지 않은 것이고, '송곳'은 봄밤 뒷산에서 들려오는 '소쩍새 울음'처럼 가슴을 찌르는 것이고, '꽃잎'은 낚시꾼이 밤새 잡아 내놓은 다금바리의 '육질'처럼 쫄깃한 것이다. 이를 종합하면 신선하고 날카롭고 살가운 '말'의 은유가 되는 것이다. 이처럼 시인은 자신의 '말'이, 「말 II」에서처럼, "뚝배기, 썬 파를 곁들인 진하고도 보얀 말"과 "쫀득한 고 단맛처럼 혀에 챙챙 감기는 말"과 "삼동을 삭혀야 제격인 쌉쌀하고 매콤한 말"이 되기를 열망한다.

결국 조동화 시인은 자신의 존재를 가능케 했던 내인(內因)이자 앞으로도 궁극적 귀의처가 될 '시조' 혹은 '말'에 대한 깊은 사유를 수행해간다. 그 근원에 '시인으로서의 존재론'이 뚜렷하게 각인되어 있으므로, 시인은 스스로 '시인'으로서 지켜야 할 태도와 '시쓰기'라는 행위의 궁극적 가치에 대해 노래하는 넓은 품을 보여준다. 말하자면 그는 '시는 (나에게) 무엇인가' 하는 질문을 끊임없이 던지고 스스로 답함으로써, '시'란 삶을 담아내는 거울이기도 하고 아득하게 세상을 향해 번져가는 파동이기도 하다는 점을 강조해간다. 우리는 조동화 시조의 기율이자 원천이 어디에 있는지를 이로써 확언하게 알게 된다.

3

    그런가 하면 조동화 시인은 '신성(神聖)'의 존재방식과 그로 인해 자신의 삶에 찾아온 성스러운 가치에 대해 노래해간다. 물론 이러한 사유와 방법은 인간 보편의 실존적 삶을 탐구하면서 자신만의 소중한 기억을 재구성해가는 여정을 담아간다. 이때 기억의 내용은 표층적인 물리적 상(像)을 추구하기보다는, 자신의 존재론적 기원(origin)에까지 가 닿으려는 역동적인 본질적 운동을 포괄한다. 그래서 시인은 오랜 기억을 통해 사물의 비의(祕義)와 그 배후에서 움직이는 신성한 힘을 동시에 느끼게 된다. 근본적으로 조동화의 시조는 이러한 신성 혹은 기원에 남다른 경험과 인지의 형식으로 씌어진다. 다시 말하면 오랜 시간의 흐름 속에서 삶의 본질적 형식을 투시하는 방법 혹은 시간의 흐름 사이로 보이는 신성의 흔적에 대해 사유하는 방법을 채택하고 있는 것이다. 다음 작품들이 그러한 신성의 흔적을 잘 보여준다.

> 신(神)께서 단애 속에 숨겨둔 꽃봉오리
> 일찍이 누구도 못 찾아낸 그 비경을
> 파도가, 희디흰 파도가 마침내 찾아내다
>
> 수천 년 굴착 끝에 무너진 돌 더미를
> 다시 한 천 년쯤 지나새나 실어낸 뒤
> 잎잎이 갈고 닦아서 피워낸 해국 한 송이
>
> 꽃이란 꽃이 모두 지기 위해 핀다지만

쉼 없이 다가와서 헤살 놓는 물결도
견고한 네 꽃잎 모서리 건드리지 못한다
　―「주상절리에서」 전문

'주상절리(柱狀節理)'는 용암이 식으면서 기둥 모양으로 굳은 것을 말한다. 또한 용암의 냉각과 응고에 따라 부피가 수축하며 생겨나는 다각형 기둥 모양의 금을 말하기도 한다. 시인은 거기서 "그 절벽, 그 물소리/가슴 깊이 담는 자"(「소매물도 소견」)가 되어, 주상절리의 성스러운 외관을 "신께서 단애 속에 숨겨둔 꽃봉오리"라고 묘사한다. 신의 비밀을 간직한 곳이어서 일찍이 누구도 찾아낸 적이 없는 그 비경을 정작 "희디흰 파도"가 찾아냈을 뿐이라고 노래해간다. 나아가 그 '꽃봉오리'는 수천 년 굴착 끝에 무너진 돌 더미를 실어낸 뒤 갈고 닦아 피워낸 "해국 한 송이"로 비유된다. '해국(海菊)'이라는 참신한 비유를 통해 주상절리는 비로소 무너지지 않는 견고한 "꽃잎 모서리"로 남아 있게 된 것이다.

모든 사물을 "낱낱이 수제품(手製品)으로/빚는 분"(「봉인封印」)이 자신의 존재론적 비밀을 드러내는 방법을 계시(啓示, revelation)라고 하거니와, 그 가운데 자연 사물이 주는 침묵의 전언(傳言)이야말로 이처럼 아름다운 풍경 속에, 다양한 그네들의 생멸 과정 속에 충일하게 내재해 있는 계시의 한 방법이다. 시인이 주상절리를 통해 보고 듣는 것은 "하늘가에 잉걸불로 놓는 열매"(「만추晩秋의 노래」)처럼, "이 세상 가장 큰 열매 하늘가에 얹는"(「호박」) 것처럼, 신성하고 아름다운 심층적 존재의 계시적 심연이 아닐 수 없을 것이다. 오래도록 '신성한 존재(the sacred)'의 본질을 탐구한 엘리아데(M. Eliade)의 관점에서 본다면 신성이란 신의 창조 사역과 밀접한 연관을 가지는데, 신성의 자기 이입(移入)이라고 할 수 있는 주상절리의 가파르고도 견고한 모습이 그러한 스케일을 담은 채 압도적으로 다가오는 시편이다.

> 시골집 평상에 누워 우주를 펴듭니다
> 할머니 팔베개로 어린 날 읽었던 책
> 순금의 그 돋을새김 오늘 다시 읽습니다
>
> 활자며 배열이며 구두점에 또 행간…
> 예나 지금이나 변한 것 하나 없어도
> 여전히 살아 빛나는 저 신비의 두루마리
>
> 시간의 긴 강물 속 무수한 사람들이
> 저마다 지혜를 다해 읽어내곤 했지만
> 누구도 그 바른 뜻을 풀어내지 못한 문장
>
> 눈으로 바라보나 눈으로 읽을 수 없고
> 다만 가슴으로 어루만져 깨치는 언어
> 국자별 한 소절에도 하마 밤이 깊습니다
> ―「우주를 읽다」 전문

그 신성의 기운으로 시인은 '우주'를 읽어내기도 한다. 시인은 시골집 평상에 누워 밤하늘을 바라본다. "잊었던 고향 길이 손금처럼"(「가을 어귀에서」) 떠오르는 순간이다. 그 옛날 할머니 팔베개로 읽었던 책으로서의 '우주'가 오늘도 "순금의 그 돋을새김"으로 다가

온다. 그때나 지금이나 "활자며 배열이며 구두점"에서 변한 것은 하나도 없다. 행간마다 전해지는 "여전히 살아 빛나는 저 신비"도 시인이 궁극적으로 귀환하고자 하는 '신성'의 한 변형체일 것이다. 그렇게 오랫동안 무수한 사람들이 바른 뜻을 풀어내지 못한 '문장'은, 오늘도 눈으로 읽을 수 없고 가슴으로만 깨칠 수 있는 언어로 빛을 뿌린다. 밤하늘이 흩어놓은 별빛의 장관 속에서 시인은 자연 형상이 지닌 "자음과 모음 아닌 그냥 그 울음"(「하늘의 말」)을 듣기도 하고, "오로지 진북眞北으로만 열려 있는 나의 길"(「나의 길」)을 발견하기도 한다. 한결같이 "저 영원 속에 불멸로 서기 위해"(「미혹迷惑에 관하여」) 시를 써가는 시인이 순간적으로 "우주 속 자신의 위치를 훤히 꿰고 산 사람"(「바울」)이 되어가는 상상적 맥락을 암시해준다. 다음은 어떠한가.

    1
    모래 구덩이에서 갓 깨난 새끼 거북
    한 쪽을 제외하면 다 죽음의 방향인데
    용케도 물소리 들리는 바다 쪽을 향해간다

    누구의 가르침도 그는 들은 바 없다
    다만 날 때부터 지녀온 본능의 고삐
    투명한 그 이끌림 따라 생명의 첫 길을 간다

    2
    사람의 뇌리 속에도 그런 고삐 들어 있나
    평생 흑암에 살다 부신 빛 보는 순간

홀연히 마음눈 열려 좁은 길로 드는 사람

많이는 왜 저럴까, 의혹의 눈길을 주고
더러는 너무 변했다, 뒤에서 수군대지만
홀연히 모든 걸 두고 진리의 첫 길을 간다
　—「고삐에 관한 명상」 전문

　이번 시집의 표제작이기도 한 이 시편은, 새끼 거북이 "본능의 고삐"에 따라 가는 "생명의 첫 길"과 인간이 마음눈 열려 걸어가는 "진리의 첫 길"을 상동적(相同的)으로 은유하고 있다. 새끼 거북은 모래 구덩이에서 갓 깨어나 누구에게 배운 적도 없는 본능에 따라 물소리 들리는 바다 쪽을 향해 생명의 첫 길을 간다. "투명한 그 이끌림"이 그네들을 인도했기 때문이다. 마찬가지로 사람의 뇌리에도 고삐가 들어 있어서 "평생 흑암에 살다 부신 빛 보는 순간"을 만나는 것이 아닌가 하고 시인은 생각한다. 그렇게 "좁은 길"이기도 할 "진리의 첫 길"은 시인이 일관되게 갈구해온 신성의 이미지를 현상한 것일 터이다. 그만큼 조동화 시인은 "놀랍고 눈부신 불멸"(「불멸不滅을 위하여」)과 "눈부신 빛의 화살"(「아침」)을 향하여 오늘도 우리 안의 '고삐에 관한 명상'을 거듭하고 있다. "삼동 내/언 독방에서/뜨겁게/제 몸 벼려"(「마늘」)야만 겨우 가 닿을 수 있는, 실제로는 "참으로 사람의 힘으론 헤아릴 수 없는 일"(「역대기歷代記를 읽으며」)이 아닐 수 없을 것이다.
　우리가 알거니와, 근대적 인간의 영혼에 형성된 '내면의 진공'(inner void)을 치유하는 대안적 사유 방식으로서 '종교적 상상력'의 의미는 주목할 만한 가치가 있다. 모든 종교적 상상력이 우리의 경험 세계를 원초적으로 구성하는 '궁극적 실재'에 대한 반응이라면, 신성의 배제를 통해 신성을 대체하려고 했던 근대의 이성 중심주의는 종교적 상상력의 무화(無化)를 통해 깊은 자기 소외를 가져왔을 뿐이다. 조동화 시인의 중심적인 시세계는 지상의 혼돈에 대한 안타까움과 그에 대한 치유의 열망으로 나타나는데, 그 방법으로 그는 오랜 시간을 영혼에 쌓으면서 신성으로의 도약을 적극 꾀하고 있다. 물론 이러한 속성은 신적 존재를 찬미하는 단순성에서 벗어나, 지상의 혼돈과 상처를 넘어서려는 열망에서 비롯하는 것이다. 그 신성의 침묵을 읽는 눈이 그의 시조 안에 깊이 출렁이고 있다.

4

앞에서도 보았지만, 조동화 시인은 자연 사물들이 구현하는 풍경이나 소리를 신성의 계시로까지 읽어내는 시선을 줄곧 보여준다. 두루 알다시피 시에서 다루어지는 자연은, 중세에는 이념의 상관물로 나타나기도 했고, 근대에 이르러서는 삶의 구체성을 지닌 것으로 변모하다가 시인 자신의 내면과 상응(相應)하는 것으로 나아가기도 했다. 말하자면 화자의 이념이 투사된 규범화되고 관조적인 자연을 지나, 생활 현장이나 내면의 풍경으로 그 몸이 바뀌어온 것이다. 특별히 현대시조에서의 자연은 시인의 내면을 유추하게끔 해주는 유비적(類比的, analogical) 형상으로 줄곧 나타난다. 조동화 시인의 작품은 사물의 구체성에서 정서의 섬세한 결을 유추하는 시적 방법론과 그것을 심미적으로 변형시키는 역량에 의해 형상화되고 있는데, 그만큼 그의 시편들에서 자연 사물은 매우 구체적이고 경험적인 내면 정서로 응집되고 있다. 그리고 그는 이러한 내면의 정서적 결들을 특유의 단시조 안에 구현해간다.

> 펼칠 때가
> 있으면
> 접을 때가
> 또 있어
>
> 다들
> 전을 거두고
> 부산히
> 돌아선 들길
>
> 눈 시린
> 우주 하나를
> 바야흐로
> 켜들다
> ─「쑥부쟁이」전문
>
> 목젖 다
> 드러내어
> 까르르
> 웃는 아기
>
> 진초록

배냇저고리
고물대는
흰 발가락

엄마 젖
달콤한 향이
방안 가득
일렁인다
　—「풍란」 전문

'쑥부쟁이'는 줄기는 곧추서며 가지는 갈라져 자라는 풀이다. 시인은 이러한 강인하고도 소박한 쑥부쟁이의 생태와 외관에서 모든 순리가 "펼칠 때가/있으면/접을 때가" 있다는 것을 상기하고는, 모두 돌아선 들길에서 자라난 그것을 "눈 시린/우주 하나"를 켜든 존재로 묘사한다. 물론 이때 우주를 켜든 존재는 시인의 내면 그 자체일 것이다. 그런가 하면 뒤의 작품에서는 '풍란(風蘭)'을 다루고 있는데, 이는 햇볕이 잘 들거나 반그늘인 바위 혹은 이끼 많은 곳에서 자라는 풀이다. 말 그대로 바람을 좋아하면서 살아가는 난이라는 뜻이다. 시인은 그 모습에서 "목젖 다/드러내어/까르르/웃는 아기"를 연상하고 "진초록/배냇저고리"나 "흰 발가락"이 꼭 "엄마 젖/달콤한 향"을 은은하게 퍼져가게 하고 있음을 묘사한다. 자연 사물이 가지는 신생의 모습에서 시인 자신의 생동감 있는 내면을 알아채는 일은 그리 어려운 일이 아니다. 이처럼 조동화 시인은 '쑥부쟁이/풍란' 같은 뭇 목숨들을 담아내면서 그 안에서 "보랏빛 꽃 속으로 열리는 은밀한 길"(「도라지꽃이 피면」)

을 발견하기도 하고, "초원을 가득 메워 일렁이던 풀의 함성"(「보르츠」)에 귀 기울이기도 한다. 그리고 이러한 발견과 귀 기울임은, 앞에서도 보았듯이, 우주 전체로 번져가는 확장 과정을 치러간다.

> 너무 커
> 눈으로는
> 볼 수 없는
> 항아리
>
> 영겁의
> 불꽃놀이
> 별 떨기들
> 한껏 펼쳐
>
> 그 하나
> 구기지 않고
> 고스란히
> 담았다
> ―「우주」 전문

'우주'를 향하는 시인의 마음은 이러한 단시조 안에서도 깊은 울림을 지닌다. 시인은 "너무 커/눈으로는/볼 수 없는/항아리"가 "영겁의/불꽃놀이"를 하는 별 떨기들을 한껏 펼쳤다가 다시 그것들을 고스란히 담고 있는 형태로 우주를 묘사하고 있다. 영국 시인 에드워드 영(Edward. Young)은 "자연은 신을 보여주는 거울"이라고 말한 바 있는데, 조동화 시인이 바라보는 자언이야말로 신성의 대리적 현상이 아닐 수 없을 것이다. 이렇게 조동화 시조에서 자연은 시인 자신의 내적 정서와 유비적 공간을 형성하면서 관념성을 현저하게 덜어내기도 하고, 신성으로 확장해가는 과정을 통해 내면으로의 일방적 칩거라는 자폐주의를 극복하기도 한다. 그래서 우리는 그의 시조를 통해 "우주 끝/큰 바다를/아는 이"(「현자賢者」)로서의 '큰 그릇'을 경험할 수 있다. 그리고 그 안에 담긴 "결코/서둘지 않는/시간의/모래알들"(「모래시계」)을 만날 수 있을 것이다.

우리가 보았듯이, 이러한 미학적 성취는 서정시로서 '단시조'의 존재 이유를 선명하게 보여준다. 그것은 삶에 대한 끝없는 질문과 발견의 과정 속에 놓이는 것이며, 궁극적으로 삶에 대한 성찰과 긍정에 이르는 과정을 선명하게 보여주는 것일 터이다. 이러한 단시조의 힘은 매우 중요하다고 할 수 있는데, 그 성찰과 긍정의 힘으로 구성된 조동화의 시조는 우리로 하여금 삶의 궁극적 가치인 신성함에 이르는 길을 예비해주고, 그러한 신성을 향한 존재론적 그리움을 한껏 발견하게 해준다. 그것이 바로 그가 보여준 시적 감동의 다른 이름일 것이다. 그렇게 조동화의 단수 미학은, 삶의 침전과 융기, 신생과 소멸, 원심과 구심의 상상력을 결속하면서 아름답게 번져가고 있다.

5

궁극적으로 조동화 시인은 자신에 대한 속 깊은 성찰과 사물에 대한 깊은 시선을 통해, 삶의 구경(究竟)

에 가 닿은 사람만이 가질 수 있는 원숙한 지혜를 보여준다. 그리고 나이가 들수록 더 깊이 다가오는 역설적 투명성을 통해 자기 확인으로서의 서정시의 몫을 선명하게 보여준다. 나아가 시인은 그동안 축적해온 생의 두께로부터 비롯되는 경험과 안목을 매우 구체적이고 선명하게 우리들에게 들려주는데, 그의 시학은 이러한 축적과 발견을 통한 자기 확인의 과정이 잔잔하고 밝은 언어로 갈무리되어 있는 성과라고도 말할 수 있을 것이다. 이러한 원숙한 지혜의 발화 역시 자연 사물이나 현상에 대한 친숙한 관찰과 표현에서 찾아지고 있다.

> 바다가 구름을 피워 바람에 실어 보내고
> 구름은 비와 눈으로 철 따라 땅을 적실 때
> 물들은 낮은 곳으로 먼 순례를 시작한다
>
> 목마른 자에게는 한 잔의 생명으로
> 뿌리는 자에게는 소담스런 열매들로
> 베풀고 안겨주면서 먼 길을 더듬어간다
>
> 식물의 물관을 흘러 얼마는 날개를 얻고
> 햇볕에 닳고 닳아 얼마는 구름이 돼도
> 끝내는 땅으로 내려 느릿느릿 기어서 간다
>
> 투명한 한 벌 옷이 남루가 될 때까지
> 독毒으로 전신이 검은 멍이 들 때까지
> 첩첩한 산굽이 돌아 제 아픈 등 밀고 간다
> ─「강 Ⅰ」전문

'강(江)'은 원래 시간이나 역사의 유장한 흐름을 비유하는 데 많이 쓰여왔던 상징이다. 시인은 '구름/바람/비/눈'을 지나 땅을 적시며 낮은 곳으로 순례를 떠나는 '강'을 바라본다. 물론 '강'은 "목마른 자에게는 한 잔의 생명으로" 다가오기도 하고, "뿌리는 자에게는 소담스런 열매들로" 안착하기도 한다. 마치 "잘 익힌 제 열매들을 후둑후둑 던지던 길"(「오솔길 추억」)처럼, '강'은 그렇게 타자들에게 생명의 표징으로 남아 있다. 얼마는 날개를 얻어 구름이 되기는 해도, 마침내 땅으로 내려 흘러가는 '강'은 "투명한 한 벌 옷이 남루가 될 때까지" 자신을 밀어가고, "독(毒)으로 전신이 검은 멍이 들 때까지" 자기의 아픈 등을 밀고 간다. 여기서 시인이 주목하는 '강'은 '생명/열매'를 선사하면서도 정작 스스로는 '남루/멍/아픔'을 가지고 살아가는 모습을 취하고 있다. 마치 "순은純銀의 말씀에 떨군 몇 방울"(「독에 관하여」)의 독처럼, 자신에게 주어진 운명의 신고(辛苦)를 안고 "고통의 고비마다 아로새긴 흔적들"(「상처의 힘 I」)을 그러안은 채 "상처들의 울력"(「상처의 힘 II - 야구공」)을 안고 흘러가는 것이다. 이 모든 것이 '강'이 가지는 이미지군(群)이지만, 그것은 곧 시인 스스로 가지는 "준엄한 명령에 벗고 떠날 이 단벌"(「몸」)과도 같은 자기 이해나 "깊은 밤/더 많은 생명/기다리는/산 아래로"(「산 샘물」) 가고자 하는 신성 지향의 차원을 다시 한 번 보여주는 것이기도 할 것이다. 융융하고 가없이 아름답다.

> 먼 저쪽 구름 뒤에 누가 숨어 지휘를 하나
> 어느 순간 물을 차며 잇따라 솟구치더니

유유히 하늘을 나는 혹등고래 한 마리

눈부신 노을 속을 몇 바퀴나 돌고 돌아
마주 오는 암코래와 나란히 방향을 튼다
별들이 돋는 곳까지 어깨 겯고 가자는 듯

흡사 한 몸 같은 수십만의 점, 점들
펼쳤다 감아쥐었다 다시 힘껏 흩뿌려도
끝끝내 헝클리지 않고 아득히 멀어져간다
— 「가창오리 군무群舞」 전문

겨울의 금강 하구에는 아침저녁으로 가창오리들의 어마어마한 군무가 펼쳐진다는데, 시인의 시선은 그것을 "전후방이 따로 없는"(「고질痼疾에 대하여」) 거대하고도 웅장한 모습으로 비유해간다. 구름 뒤에서 누가 숨어 지휘를 하고, 새떼들은 한순간 물을 박차며 솟구치더니 "하늘을 나는 혹등고래 한 마리"의 형상을 취한다. 마치 "커다란 멍에 하나를 그려 뵈며 가고"(「가는 기러기」) 있는 것처럼, 새떼들은 눈부신 노을 속을 돌고 돌아 별들이 돋는 곳까지 가려고 하는 듯하다. "한 몸 같은 수십만의 점, 점들"이 펼쳐졌다 모아졌다 다시 흩뿌려지는 과정을 보여주는 순간, 시인은 "끝끝내 헝클리지 않고 아득히 멀어져"가는 그네들의 움직임을 우주의 오케스트라로 본 것이다.

이처럼 사물과 사물 사이에 끼인 자연스러운 원리를 따라가 그것들 사이의 내적 연관성을 발견해가는 조동화 시인의 사유와 감각은, 우리 시대 시조의 종요로운 몫으로 자리하고 있다. 다시 말해 주체와 대상을 통합

시키는 이러한 경험 유형은 한편으로는 기억이라는 활발한 운동을 통해 이루어지고, 한편으로는 신성한 존재에 대한 특별한 믿음과 사랑에 의해 재현되어간다. 그것이 그냥 단순하게 정태적인 모습을 유지하는 것이 아니라, '지금-여기'의 현재형을 활력 있게 드러내는 데 기여하고 있는 것이다.

6

우리가 잘 알듯이, 모든 '시적인 것'은 자신이 살아온 시공간에 대한 깊은 사랑에서 발원한다. 그래서 우리는 시어(詩語)를 '부족 언어'라 칭하기도 하고 '모국어의 정화(精華)'라고 명명하는 것일 터이다. 조동화 시인은 이러한 심미적 시어의 선택과 조탁에 무척이나 공을 들이는 모국어의 장인(匠人)이다. 또한 그는, 지금까지 우리가 읽어온 것처럼, 신성과 자연을 통해 축조해가는 자신만의 심미적 정형 미학을 독자적 세계로 보여주었다. 시조가 신성한 것을 이렇게 순연하게 담아갈 수 있다는 "신선한 이 역발상"(「유쾌한 에러」)을 통해, 그는 우리 시조시단의 돌올한 개성으로 남게 될 것이다. 그래서 우리는, 조동화 시인이 이 개성적 세계의 결실을 딛고 넘어서면서, 다음 시조집의 더욱 넓고 웅숭깊은 세계로 나아가게 되기를, 충심으로 소망해보는 것이다.